파도에게 꽃의 노래를

파도에게 꽃의 노래를

초판인쇄 2025년 10월 1일
초판발행 2025년 10월 1일

지은이 노수빈
펴낸이 이해경
펴낸곳 (주)문화앤피플뉴스
등록번호 제2024-000036호
주소 서울 중구 충무로2길 16, 4층 403호 (충무로4가, 동영빌딩)
대표전화 02)3295-3335
팩스 02)3295-3336
이메일 cnpnews@naver.com
홈페이지 cnpnews.co.kr

정가 13,000원
ISBN 979-11-94950-11-0 (03810)

※ 이 시집은 문체부 한국예술인복지재단 창작지원금으로 출간되었습니다.

파도에게 꽃의 노래를

노수빈 제7시집(제3시선집)

문화앤피플

어떤 사물이나 대상을 유심히 관찰하고 무수히 의문疑問을 제기하면 명쾌한 해답을 얻을 수 있다고 합니다. 이러한 해답을 얻도록 각고刻苦의 노력과 정진精進으로 나아감이 시인의 자세이며 거기서 출산한 결과물結果物이 '시詩'라는 생각엔 변함이 없습니다. 궁극적窮極的으로 격물치지格物致知와 물아일치物我一致면 성인聖人의 경지에 이르게 된다고 하는데, 첨가하여 말하면 경經에 이르는 글이 '훌륭한 시詩'라고 생각을 갖고 있습니다. 그러나 팔십 평생을 생산한 작품이 고작 넓두리에 불과하여 중단하고 싶어도 중단할 수 없는 현실을 무엇으로 달랠 수 있겠나요?

다시 한번 생로병사生老病死를 조명해 보고 성찰하여 더 나은 해답을 얻도록 정진하겠습니다. 이 시집은 한국예술인복지재단에서 문화예술인에게 지급되는 창작지원금으로 발행되어 자축하는 의미도 있습니다. 이 시집이 출간되기까지 편집을 한 정진이 편집장과 문화앤피플 출판사의 이해경 발행인에게 무한한 감사를 드립니다

2025년 10월
저자 **노수빈**

차례

2부. 안개

차례

3부. 꽃의 노래

4부. 파도에게

차례

5부. 개의 평화

6부. 가을강 인생

1부

꽃밭으로 달려왔지요
푸른 바다랑
사과밭이 있는 곳
마른 잔디밭에 팔베개 누워
하늘을 바라보면
어데로 갔나 어데로 갔나

가을 소곡

넝쿨장미 1

어젯밤 그렇게도 바람 불더니
캄캄한 먹구름 속에서도
흔들릴 때마다 장미꽃은 피었어라

온몸에 가시 박힌 채
어둠의 담장을 지켜온 너는
오늘 아침 그리도 황홀하게 피면서도
비록 교만하지 않고
향기로만 말하고 있구나

내가 너의 눈빛을 알지 못할 때
너는 내게로 밤새도록 달려와
뜨거운 가슴으로 말하고 있구나

오 그렇구나
나는 너에게 말 한마디 못 해도
너는 나에게 달려와
가시 아픈 붉은 빛으로
향기로만 말하고 있구나.

넝쿨장미1

5월은 장미의 계절입니다. 도시의 아파트 담장이나 울타리에 넝쿨장미가 아침 햇살에 영롱한 빛으로 피고 있습니다. 그 빛과 향기가 생기발랄生氣潑剌하게 피어나는 모습을 유심히 바라보노라면, 오직 빛과 향기로만 자태를 승화시키고 있는 넝쿨장미 앞에서 숙연해집니다.

넝쿨장미 2

알몸으로 태어나
알몸으로 살다가
알몸으로 사라지는
물을 보았네

알몸으로 태어나
알몸으로 살다가
알몸으로 사라지는
불을 보았네

나는 보았네
너의 알몸을
나는 알았네
너의 빛깔을

물로 태어나
불꽃처럼 살다가
알몸으로 사라지는
넝쿨장미를 나는 보았네.

넝쿨장미2

어떤 물체이든 물과 불의 관계 없이는 생성할 수 없는데, 물(水)과 불(火)은 음양오행에서 상극이지만 상호작용으로 생성되기도 하고 소멸하기도 합니다. 그러면 물과 불과 장미의 관계는 어떠한가? 넝쿨장미의 본체의 나무(木)는 뿌리가 수액(水)을 빨아올려 빨간색 형상(火)으로 나타나기 때문에 넝쿨장미의 화려한 꽃이 피는 것이 음陰의 물과, 양陽의 불이 서로 작용하여 개화開花되는 넝쿨장미의 객체가 된다는 것을 알 수 있습니다. 울타리에 곱게 핀 넝쿨장미에게서 음양오행의 원리를 배울 수 있습니다.

갯버들

깜깜한 밤을 삼키며
눈보라 쳐도
눈보라 얼어붙은 하늘이어도
얼음덩이 저 길을 걸어오면서
마른 가지 꽃순 피우기 위해
녹색 뿌리 얼음 속 발 담그고
어머니처럼 견디고 있다.

 갯버들

코로나에 감염된 환자들을 보면서 인류 모두에게 공평하게 공유할 수 있는 공기空氣이건만 하찮은 바이러스에 정복당하고 나서야 인류문명의 자존심을 내려놓고 진정한 삶의 존재와 가치를 깨닫고 있습니다. 사람과 사람이 얽히고설켜서 소통하고 교류하는 소소한 일상이 행복이라는 걸 깨닫게 되었습니다. 이 엄혹한 환경과 악조건에서 사투를 벌이고 있는 의료진들은 신이 내려보낸 천사와 다름없지요. 백신 접종이 가시화되고 있어 벅찬 희망의 빛이 보이기 시작하는데 냇가의 얼음장 밑에서 녹색의 뿌리를 담그고 견디어 내는 갯버들을 보면 견고한 생명력을 지키는 의지가 코로나의 위기에서 극복하려는 인류의 염원과 다름없음을 깨닫게 됩니다.

동강의 할미새

푸른 물 감도는 동강엔
아무도 범하지 못할 암벽이 있다
거기 꽃이 진 자리에 둥지를 틀고 있는
어미 새 한 마리
허기진 부리에 먹이를 물고서도
꼬물꼬물 발가둥이 새끼에게
토해주는 사랑은
얼마나 아름다운가?
오 그것이 일상의 행복이라면
우리들의 사랑은
얼마나 아름다운가?
오 그대는 누구인가?

할미꽃 당신

세상은 오늘처럼 소란합니다
하늘 솟아 퍼져가는 농락의 씨앗
우리가 지고 갈 업業이랍니다
오늘 보았습니다
태어날 때부터 땅만 굽어보는 꽃
할미꽃 당신
이름 없는 무덤가에서 *좌법선정坐法禪定하는
당신을 만났습니다
천 길 땅속 우러러 솟아나는 진언眞言을
굽어 절해도 보이지 않고 들리지 않습니다
등허리 휘어진 채 태어나
꽃 필 때 꽃 질 때
무거운 짐 내려놓을 때
눈시울 씻어 내릴 때
나는 보았습니다
허리 굽은 하얀 등뼈만 남기고
해탈하여 솜털로 날아갑니다
하늘 높이 승천하여 날아갑니다.

할미꽃 당신

사찰寺刹에선 스님들이 편안한 자세로 앉아 머리와 허리를 곧게 하고 고요한 마음으로 눈을 감고 한곳에 집중합니다. 이를 좌법선정座法禪定이라고 하는데 불교에서 요가실천법 중 하나입니다. 좌법座法은 외적인 관계로 상대관相對觀에 기뻐하지 않는 무한한 실천의 덕목이고 선정禪定은 내적인 관계로 계속 숙련하면 선정의 대상만 남아 무아지경에 이른다고 하니 좌법선정을 매일 실행하여 하얀 털의 할미꽃씨가 바람에 자취를 감추듯 해탈하는 정신수양을 알게됩니다.

커피 타임

새는 날개가 있어 날 수 있다
날개가 없이도 나는 새가 있다

가랑잎은 나뭇가지 곁을 떠나
제 몸 삭고 말라 이별할 때
높은 창공을 휘휘 돌다가
지상으로 내려와 편히 잠잔다

무거운 삶의 짐을 내려놓고
창공의 높이로 잠깐 날다가
그대의 커피잔 속에 그림자 된다

우리도 마지막 이별을 할 때
한 장의 가랑잎처럼
그리움으로 나부낄 수 있을까?

커피타임

이른 아침에 청주에서 살고 있는 한 여류시인으로부터 보내온 커피 한 잔과 가랑잎 한 장(실제는 영상 사진)을 전해왔는데 노심老心을 달래주고 있습니다. 낡고 닳아버린 가랑잎 한 장을 유심히 바라보니 인생 노후의 모습을 보게 됩니다. 우리 인생도 낙엽의 최후처럼 본거지의 집착을 떨쳐버리고 안식安息을 취할 수는 없는가? 내가 건네는 한 잔의 커피가 누구의 시린 가슴을 녹여주고 그리움과 사랑의 그림자로 남을 수는 없는가?

밤의 장맛비

저 빗소리 들리는가
어둠 속 천 길 낭떠러지에서
떨어져

어떤 생을 희망하여
떨어지는가

너와 나는 무슨 생을
꿈꾸고 있나.

세월

언뜻 귓가에 스치는 바람인가 했더니
가을이더라

단풍잎 떨어져 주워봤더니
세월이더라

세월 그놈 꼬옥 안아봤더니
가랑잎 서걱이는 사랑이더라

나무 같은 세월
세월 같은 낙엽
부질없는 사랑
모두가 인생이더라.

 세월

가을은 오곡백과 여무는 결실과 수확의 풍성한 계절이기
도 하지만 고령의 노인들에겐 꿈과 희망이 퇴색되는 인생
의 계절이기도 합니다. 가을 인생은 돌아간 세월을 헤어보
게 하고 한낱 스치는 바람에서도, 떨어진 단풍잎에서도 인
생을 회고하게 됩니다.

인생 늦가을

꽃밭으로 달려왔지요
푸른 바다랑
사과밭이 있는 곳
마른 잔디밭에 팔베개 누워
하늘을 바라보면
어데로 갔나 어데로 갔나

꽃씨 뿌려 가꾸던
꽃밭이랑 사과밭이랑
추억으로만 기억하면서
걸어온 발자국엔 상처만 남고
아픈 자리 눈물만 고이네

어데로 갔나 어데로 갔나
여기까지 왔는데 어데로 갔나
더 이상 갈 수 없어
새잎 돋아날 자리 지어놓고 떠나야 합니다
떨어지는 낙엽처럼 떠나야 합니다.

저문 강가에 서면

내 인생 저문 강가에서
나는 나에게 물어봅니다
너는 누구를 위해 따뜻한 사람이었나
무거운 납덩어리 같은 사랑
상처의 고통을 등짐지고 있는
누구의 어깨를 한 번이라도
부추겨 준 적 있었느냐
물처럼 흐르는 세월 붙잡지 말라
저문 강물이 두런거린다
황혼에 물든 하늘빛
타는 저녁노을
저문 강가에 내려와
강물처럼 노을처럼
그냥 가라고 한다.

대나무

푸르고 곧은 대나무는
강한 바람 불수록
꼿꼿이 하늘에 서 있습니다

엄동설한 얼음 눈이 봄눈 녹을 때까지
받들고서도 부러지지 않는 마디는
어느 절개의 여인이던가

비어있는 한 뼘의 푸른 마디가
이렇게 힘들고 험한 일상을 견딜 줄이야
세상 제일 자칭하는 인류의 모습이
하찮은 바이러스에 굴복하고서야
우리가 눈을 뜨고 있음에 우리가 숨을 쉬고 있음에
버릴 것 모두 버리고 비울 것 모두 비워야
우리가 살아있음에 감사함을 알았습니다

대나무는 지금도
마르고 단단한 한 뼘 한 뼘의
텅 빈 마디로
푸르고 곧게 서 있습니다.

대나무

사시사철 푸른 대나무는 한냉寒冷한 겨울에도 한 마디씩 자라고 여물면서 텅 빈 속을 허정虛靜으로 살아갑니다. 혹한의 눈보라와 폭서暴暑의 비바람에도 휘어지면서 꺾이지 않는 세한고절歲寒孤節을 지켜내고 있습니다.

매화꽃 한 송이

봄눈 녹아 창문을 여니
매화가 피었구나

깜깜한 어둠의 하늘에
별이 되었다가
이렇게 시끄러운 땅을 딛고 서서
맑고 밝은 얼굴로 웃고 있구나

전쟁과 지진의 폐허에서도
살아나는 탯줄에서
버젓이 살아난 아기를 보았는가?

오! 그렇구나
코로나 때문에 문밖에도
얼굴을 내밀지 못하는 우리보다
세상을 들어 올려 꽃 피우는 너는
참으로 위대하구나.

매화꽃 한 송이

지금 세상의 모퉁이에선 미사일과 전차戰車에서 날아드는 포탄 소리에 요란하고 지진으로 수천수만의 사람들이 꺼져 가고 있는데 그런 아수라장의 지진의 잔해더미에 깔려있는 갓난아이가 엄마의 탯줄을 놓지 않은 채 구출되는 장면은 생명이 얼마나 귀중한 것이며 기적이 따로 없다는 걸 알게 됩니다. 코로나 때문에 외출도 못 하고 얼굴을 감추고 사는 우리 보다 세상을 들어 올려 꽃을 피우는 매화꽃 한 송이가 참으로 위대합니다.

안개꽃

지천으로 안개가
내 무릎을 지우네요

허리까지 파묻고
내 눈까지 가려버리고
여기가 어디인지
내가 안개인지
안개가 나인지
발아래 떠 있는 공중의
내가 누구인지

그렇지 내가 안개로 태어나서
안개처럼 사라지는
안개꽃이겠지
내가 안개꽃이겠지.

역동易東 선생先生에게

여보시게 역동 선생?
요란한 팔령신八鈴神도 꾸짖어
바다 멀리 보냈으니
늙는 것 한탄 말고
일어나 막아 주시게
달려오는 세월이란 놈
막을 수 없는 놈이라서
한번 부탁했네요
아무리 고약한 놈이라 해도
나는 친구 삼아 가야겠네요.

 ## 역동 선생에게

역동易東은 고려 말 충선왕 때의 유명한 유학자이며 정치가로 역학易學에 통달한 우탁 시인의 호입니다.
　그는 충선왕의 부왕夫王인 충렬왕이 후궁을 간통하여 왕비로 삼자 도끼를 들고 충선왕에게 극간하다가 벼슬을 잃고 일생동안 주역에 매진하다가 늙는 것을 세월에 한탄하는 탄로가歎老歌를 지은 시인입니다. 역학에 통달한 역동 선생도 늙어가는 몸을 세월에 어찌 한탄하지 않으랴? 그러나 세상 어느 누구도 막을 수 없는 세월이거늘 한탄하지 말고 벗 삼아 늙는 도리밖에 없지 않은가?

가을 소곡

나는
하늘을 바라봅니다

별들이
나를 멸시합니다

어머니가
허리를 굽히십니다

내가 허리를 굽힐 때가 되었습니다

이 가을날
하늘과
별과
무거운 열매를
우러러볼 때가 되었습니다.

단풍

붉게 타는 단풍이
하늘을 다 채워도
마주 잡고 속삭이는
사랑만 하겠는가

예정된 이별을 앞에 두고
마지막 눈물만큼 서러움이 있으랴

못다 한 사랑 붉게 타는 단풍만 한
아름다운 빛이 있으랴.

목련꽃 연가

하얀 속 살
예쁘다고 꽃 꺾지 말자
너도 아플 테니까

나의 것도 아닌 것을
꺾어서 무엇하리.

어머니 1

어머니는 죽어서
별이 되셨다

아스라이 먼 별
어머니의 그림자 하도 그리워
깜깜한 밤하늘을 바라보면

내 머리 위 비추는 별
어머니는 죽어서
별이 되셨다.

어머니 2

우리들 가슴에 빛나는 별 두 개가 있나니

하나는 하늘에서 빛나는 별이요
하나는 지상에서 빛나는 별이나니

그러나 창공에서 빛나는 별은
어둠과 섞일지라도

지상에서 빛나는 별 하나
어머니는 이미 그 별이었다.

어머니 2

103세의 어머니가 중풍으로 누워계신 요양병원으로 문병을 간다. 멈추지 않는 코로나로 인하여 비대면 면회만 가능하다. 어슴푸레한 출입구 현관문 유리를 경계로 하여 어머니는 현관 안쪽에서 나는 바깥쪽에서 최대한 유리창 가까이에 다가가서 안부를 전한다. 한 점의 살과 한 방울의 피가 다 마를 때까지 소진되고 있는 몰골을 휠체어에 맡기고 자식 얼굴 조금이라도 더 보기 위해 유리창에 얼비친 나를 초점 없는 동공으로 바라보신다. 당신의 식사라곤 뉴케어(영양음료) 몇 모금으로 아슬아슬한 생명줄을 붙잡고서도 늙은 자식을 걱정하신다. "잘 지내고 있느냐? 당신은 잘 먹고 잘 지낸다"고 하는 말이 마지막 면회가 되고 말았으니 눈물이 서러움으로 흘러내린다. 그렇다. 지상에서 가장 빛나는 별은 우리 가슴 속에서 사라지지 않는 어머니일 것이다. 영원히 꺼지지 않는 그 별일 것이다.

낙향落鄕
- 동창회 날 -

해마다 한 번씩 놈들과 모여
농주 마시고
윷놀이하고
천장 야트막한 주막에 들려
소주 마시고 노래하고
석양 해 질 녘 참새처럼
뿔뿔이 흩어져 가고
또 모여
한 놈의 집에 들러 취하고 젖어
나는 지금
눈밭에 오줌 갈려 시를 쓰고
놈은 흙을 가꿔 땅을 일구고
놈은 동리 이장이 되어 동리를 장악하고
놈은 면서기를 하여 동리 엘리트가 되고
돼지를 길러 돈을 벌고 폭락을 맞고
공사장 노동판에서
어기적거리고
살얼음판 회사에 나가 위아래 눈치 경영하고
그러나
"니들 죽으면 여기로 올껴"
"여기 이놈들이 메어서 묻을 껴"

한 놈의 말
두 놈의 말
세 놈의 말
밖엔 눈이 내리는데.

 낙향

60년대의 소꿉친구 동창회가 그리워집니다. 함박눈이 내리는 광경을 보면 고향의 산언덕에 쏟아붓던 설경과 세밑에 쌓이는 함박눈이 눈시울이 시리도록 그리워집니다. 이제 와 생각하니 유수流水와 같은 세월과 무상無常함을 실감하게 됩니다.

2부

안개 가득한 온누리
네 속의 바다에서
맑고 고운 사랑만 건져 올려
내 속의 바다에 가득히 채워다오

안 개

바다에 가면

거친 푸른 바다 저 물결도
내 마음 같고

잔잔한 물결 바다
내 마음 같아

내 진정 평화를 원하려거든
푸르고 빛나는 저 물결 위에

사랑하는 이의 이름을 쓰자
갈매기의 날개에
내 이름을 실어 보내자.

노을 1

울음 토하는 저녁노을에
내가 나에게 물어본다
떠나야 할 약속이 얼마인가를

건널 수 없는 강가에서
그대 이름을 불러본다

떠나는 마음 달랠 길 없어
울음 우는 노을에
내 이름을 묻어둔다
아주 깊이 묻어둔다

노을을 바라보며
내가 나를 던져 보낸다
타는 노을에.

노을 2

어찌하겠나
저 바다 멀리
울음 타는 목마름

어찌하겠나
어찌하겠나
그리움 가득한
저 노을빛을

갈 수 없는 노을 속
그대 그리움
저 노을빛 바다
어찌하겠나.

재를 뿌리고

- 한 척의 목선을 타고 바다로 떠나 다시는 확인할 수 없는
자리에 닿아 목선의 시동을 끄고 뼛가루를 바다 깊이 뿌렸다

촛불을 켜 향을 피우고
기도를 하고
또 두 번 절하고
나는 소주를 뿌리고
우리는 정해진 행사를 하고

맴돌만한 아무것도 없이
바닷물에 손을 씻고 돌아왔는데
울안에 핀 하얀 국화꽃 한 송이
비에 젖고 있었다

오 돌아가는 것이다
모두 돌아가는 것이다
돌아가 다시
어느 꽃으로 태어나
돌아올 것인가.

칼질 1
- 한 점의 돌도 저 강물에 몸을 씻어 눈뜨는 연습을 하네

한 덩이의 먹빛 돌이
남한강 물줄기에 칼질을 하고

한 덩이의 먹빛 돌이
남한강 바람에 칼질을 하고

한 덩이의 먹빛 돌이
남한강 여울물 물보라에 칼질을 하고

칼질을 다하여
뼈를 세우고

칼질을 다한 먹빛 돌
마르지 않는 푸른 호수 위
가장 푸르고 맑은
폭포 한 줄기 그어놓고
깜깜한 어둠 속 강물에 깊이 묻힌다.

칼질 2

밤하늘에서
깜깜한 어둠을
칼질하여
별을 쏟아내듯
이처럼 깜깜한 바닷속
파도를 칼질하여
산호를 낳듯
어둠에서 빛을 칼질하는 되풀이.
해와 달.
그리고 소금.
이처럼 어둠 삭힌
푸른 핏물이
먹물로 풀리어
드디어 꽃이 된다.

안개 1

새벽 안개다
나는 안개 속을 안개와 달린라

햇빛보다 먼저 일어난다
바람보다 먼저 일어나고
강물보다 먼저 가라앉는다

산도 들도 잠자는데
나무숲도 풀잎도
아직 잠들어 있는데
햇살보다 먼저 일어나 기척을 한다
나는 왜 안개 속을 달리고 있나.

 안개 1

강기슭엔 안개가 자욱합니다. 동이 트고 해가 중천에 뜰 때까지 시야를 가리어 가시거리를 종잡을 수 없게 합니다. 우리가 살아가는 삶의 행로가 마치 목적 없이 헤쳐 나가는 몽롱하고 불확실한 현실을 안개에 비유하게 됩니다. 인생이란 이른 새벽부터 안개 속을 달리는 안개 같은 존재일지도 모릅니다.

안개 2

안개는 저토록
꽃잎의 이슬도 맺힐 채비를 하지 않는데
새벽부터 끊어진 다리를
운무로 이어놓고

허공의 절벽을 허물어 메워 놓고

다할 수 없는 사랑의 길 만들고 있는데
왜 우린 사랑의 고비를 넘기지 못하나!
왜 우린 서로 사랑하지 못하나.

안개 3

이제 새벽이 온다
밝은 새벽은
안개를 지우겠지

눈 부신 햇살이 줄줄이 퍼져
강물과 강물 사이로
풀잎과 풀잎 사이로
바람을 불러와
안개를 지우겠지

밝은 새벽의 햇살은
높은 산에서 넓은 바다로
높고 깊은 사랑의 꽃을 피우겠지

우울한 우리 안개 속
그 안개를 지워가다오.

안개 4

하늘에는 안개의
꽃바다 가득하다

바다에도 안개의
하늘 가득하다

산에도 안개의
들판 가득하다

언덕에도 숲에도 보리밭에도
안개 가득하다

안개 가득한 온누리
네 속의 바다에서
맑고 고운 사랑만 건져 올려
내 속의 바다에 가득히 채워다오.

안개 5

안개여
하늘엔 꽃송이 꽃가루 같은
가장 아름다운 얼굴의
빛만 뿌려주고

안개여
산과 들판
그리고 언덕과 우리들이 머무는 곳엔
무성한 푸른 숲
빛나서 푸른 빛 떨치는

가장 소중한 우리들의 사랑을
한없이 뿌려다오
안개여.

안개 6

별을 가두는 어둠이
소리쳐 울 때까지
밤새도록 불기둥이 멈추지 않았다

새벽어둠이 깰 때까지도
꽃잎으로 누워 꽃샘이 마를 때까지
몽롱한 무지개 속에 갇힌 안개처럼
황홀한 여인이여

내가 너를 부를 때까지
내가 소리쳐 울 때까지
황홀한 안개 속에 갇혀
깨지 않는 여인이여 안개여
오 내 사랑하는 안개꽃이여.

빛 1

하늘에 뜨는 태양이 몇 개나 되기에
매일 떠도 다시 솟는가
왜 어둠을 만드는지
그 빛의 양이 얼마이기에
밝음과 어둠, 어둠과 밝음을
끝도 시작도 하늘이 시행하는
그 빛의 연속이
사랑의 되풀이인가
너와 나의 식지 않는
사랑의 되풀이인가.

빛 2

눈 부신 태양이
광채로 태어나서 사라지지 않는 것을
내가 저 빛을 볼 수 있음으로 하여
마침내 별바다의 총총한 별과
은하로 넘치는 그 빛이
한 점의 어둠으로 서 있는 나를
그 빛 바람 속으로 날아와
내가 벌써 하늘에 별이 되어
하늘에 떠 있는 것을.

빛 3

이 세상 어느 곳에도
흔하게 퍼지는 소리처럼
보이는 빛과 보이지 않는 빛
모두가 어둠에서 탄생하고
어둠에서 사라지는 것

너를 사랑하면서 보일 수 있고
미워하면서 사라지는
빛과 어둠이던가

이 세상 모두의 사랑의 빛만 남아
너의 머리 위에 뿌려진다면
너는 정녕 광채 나는 소리로
이 세상을 깨울 수 있는가.

강가에서 2

강물은 따뜻한 눈물이었다

소리 없이 부드럽게 속삭이면서
흐르는 네 속의 목소리였다

너와 내가 맞잡은 손
따뜻하게 흐르는 사랑의 핏물이었다.

해바라기 연가

동쪽 하늘에서 시작하여
서쪽 하늘로 사라질 때까지
여름 내내 이글거리며 타면서도
입김 한 번 주지 않는 태양이시여!
기다려도 기다려도
눈이 멀도록 바라보아도
너무 먼 태양이시여!
그렇게도 바라만 보다가
그리움은 죄가 되어
당신의 그림자에 숨어서
사랑하노라 사랑했노라
오! 뜨거운 정열과 눈빛을
마지막 입술에 전해 주소서.

해바라기 연가

여름 한낮에 이글거리는 태양을 머리 위에 이고 바람에 휩쓸리고 있는 해바라기꽃밭에 서면 금세기 최고의 화가인 빈센트 고흐가 그린 해바라기꽃을 상상하게 됩니다. 해바라기꽃은 태양의 신인 아폴론을 짝사랑하던 요정, 크리스티 공주는 수레를 몰고 동쪽 하늘에서 서쪽 하늘로 사라지는 태양을 바라만 보다가 죽어서 해바라기꽃이 되었다는 신화는 우리에게 청춘의 열정과 감동, 그리고 생명의 가치를 높이고 있습니다. 우울과 고독의 화가 빈센트 고흐의 초상肖像처럼 바람에 휩쓸리고 있는 해바라기꽃은 오늘의 우리 노인들이 흔히 앓고 있는 고독이라는 병을 잠시나마 치유해주고 있습니다. 청춘의 뜨거웠던 열정과 희망을 꿈꾸던 세계로 안내하기 때문입니다.

너에게 1

나는 널 사랑하는가 보다
외로움은 네가 아니어도 채울 수 있으나
그리움은 네가 아니면 채울 수 없다

그러나
너 아니어도 채울 수 있는 것은
내가 널 사랑하기 때문에
차고 넘친다

나는 널 사랑하는가 보다.

너에게 2

너는 그때 곱고도 고운
바닷가 모래밭에서
뛰놀던 햇살처럼

너는 그때 연분홍 꽃잎
진달래꽃 머리 위에 꽂고
산등성이 뛰어놀던 철부지였지

오늘 너는
바닷가 모래성을 추억하는
낡은 나비의 날개처럼
구겨져 있구나.

나의 언어

나는 강이라는 말
나는 바다라는 말
나는 물이라는 말을 사랑합니다
내 언어의 샘에서 시의 언어가
솟아나기 때문입니다

나는 꽃이라는 말
나는 풀잎이라는 말
나는 잎새라는 말을 사랑합니다
무수한 언어의 꽃밭에서 시의 언어가
고귀한 색깔로 피어나기 때문입니다

나는 날개라는 말
나는 눈빛이라는 말
나는 새라는 말을 사랑합니다
수많은 언어의 밭을 드나들며 내 언어의
머리 위를 날아다니기 때문입니다

나는 물이랑
꽃이랑
새라는 말을 참으로 아낍니다.

그것들이 내 언어의
밭이랑에서 넘실거리며 춤추고
노래하며 달려와
나의 시가 되기 때문입니다.

3부

꽃이 피는 것도
세월이 가는 것도
본 사람은 없는데
꽃은 피었다가 지고
세월은 흘러서 가고
머리 위에 백발 삼천장白髮三千丈
보이지 않으면서 보이는 것이
세월이고 인생입니다

꽃의 노래

꽃의 노래 1

꽃이여 피는 것을
서둘지 마라
그러면 빨리 시든다

꽃이여 지는 것을
서러워 마라
너도 한때는 물찬
꽃봉오리였잖니?

꽃은 피었다 지고 다시 또 피듯
너도나도 피고 지는 꽃이란다.

꽃의 노래 2

복사꽃 살구꽃
푸른 날개의 꿈
사월의 종다리

하늘 높이
나의 피 솟아오르고

청보리 물결
바람 흘러 가면
종다리 노랫소리

하늘 다한 날개
날개 다한 노래
노래 다한
너의 시詩 나의 노래.

꽃의 노래 3

빛이란 빛 사랑의 빛만 뿌려 놓은
아릿아릿 연분홍 꽃잎이 좋다

여기저기서 산벚꽃 필 때
산꼭대기 정자亭子에 서면
앳된 소녀들이
실바람 악보를 들고
온종일 바이올린을 켜고 있다

나도 따라 소녀가 되어
함께 부른다 꽃의 노래를.

꽃의 노래 4

백목련 곁가지를 전지剪枝 했더니
이렇게 탐스런 꽃이 필 줄이야
누가 알겠나
내 속의 헛가지를
도려내고 전지하면
저처럼 큰 도량을 닦을 것인가?

꽃의 노래 5

열어다오
나의 문을 열어다오
가슴에 꽂혀있는
서슬 퍼런 칼을 뽑아다오
폐쇄해다오
용서할 수 없는
나의 눈과 나의 귀와
용납할 수 없는
나의 입과 가슴을
묻어다오
잠잠히 침묵할 수 없는
나의 가슴을 묻어다오
그리하여 나의 머릿속에서
잠자고 있는 영혼을 깨워다오.

꽃의 노래 6

누가 그의 이름을
꽃이라 불렀는가

저녁노을에 젖는 붉은 해가
입 다문 하늘을 열게 하고
우리의 눈을 뜨게 한 너를
어찌하여 꽃이라 이름했는가

누가 너의 이름 위에
사랑이라는 말을 주어
뜨거운 입술 주었는가

오 꽃이여
나에게로 오라
나에게로 와 우울한 가슴 속 비쳐다오.

꽃의 노래 7

꽃이 피는 것도
세월이 가는 것도
본 사람은 없는데
꽃은 피었다가 지고
세월은 흘러서 가고
머리 위에 백발 삼천장白髮三千丈
보이지 않으면서 보이는 것이
세월이고 인생입니다.

꽃의 노래 7

당나라 이백(이태백) 시인은 평생 방랑과 술, 도道와 선술禪術, 독서와 검술은 물론 국가에 관심과 인생에 관하여 응시하면서 우수와 고독으로 살았던 시선詩禪이었습니다. 술에 취하여 강물에 비친 달그림자를 잡으려 뛰어들었다가 익사했다고 전하는데 지금 말로는 알코올중독에 우울증으로 마지막 길을 택하지 않았을까 하는 의문을 갖게 됩니다. 그의 시 "추포秋浦의 노래"에서 흰 머리카락이 삼천장三千丈이나 된다고 하니 3천 장의 길이는 무려 9,000m가 되어 늙은 몸의 서글픔을 과장한 말을 하였습니다. 한 시간이 모아지면 하루가 되고 하루가 모아지면 한 달이 되고 한 달이 모아져 1년이 되며 1년이 모아지면 세월이 됩니다. 세월이란 시간의 집합체인데 시간과 세월은 가는 것을 볼 수 없고 뵈이지도 않습니다. 그러나 자연순환의 이치에 의해 계절에 따라 다르고 낙엽 되어 떨어지면 확연히 세월을 확인하게 됩니다. 그런 꽃의 세월이면 인생 또한 피고 지는 것은 꽃과 다름없는 존재인 것입니다.

어머니의 종착역

103세 아기 천사의 어머니가
삼베옷 여미고 땅속 깊이 누워계신다

천수天壽*를 다하고
고요와 정적으로 이승과 저승의 강을 건너서
삼베옷에 흙 베개 베고 땅속 깊이 주무신다

철길을 따라가
철길만 따라와
지나온 이역만리異域萬里 간이역엔
내 눈물 고였어라

하늘과 땅의 경계는 어디까지 경계인가
이승과 저승의 깊이는 얼마나 되나
어머니의 종착역은 얼마나 먼가.

어머니의 종착역

천수千壽는 하나님이 만들고 지어주신 천부적인 생명, 혹은 수명을 일컬음인데 103세의 모친이 당신의 생일 이틀을 남겨놓고 소천하셨습니다. "생즉사生卽死, 사즉생死卽生, 생사일치生死一致. 삶이 곧 죽음이요, 죽음이 곧 삶이니 삶과 죽음은 일치한다"는 부처의 말씀대로 삶에 너무 집착하지도 말고 죽음을 너무 두려워할 필요야 없겠지만 20여 년의 장세월을 와상상태의 병실에서 환자는 삶과 죽음을 어떻게 받아드릴까 하는 걱정에 이르게 되지요. 천수千壽를 다하셨기에 삶과 죽음의 경계가 따로 없다는 해석을 하게 됩니다.

애착

사랑하는 마음을
저 강물에 벗어던질 수만 있다면
나는 고요한 바다가 될 수 있으리

그러나 나는 왜
바다의 한 폭 물살도 되지 못하나

나는 왜
사랑의 누더기 옷을 벗어 던질 수 없나.

병실에서

오늘 문득 바라보는 하늘이
왜 그리 눈부신지
나는 왜 자꾸 부끄러운지
무엇 그리 바빠서
하늘 한 번 바라보지 못한 건지
자꾸자꾸 눈물이 납니다

오늘 문득 바라보는 하늘이
왜 그리 눈부신지 아름다운지.

가을 강

석양에 해 넘어갈 때
생의 마지막 절정絶頂에 이른
노을빛을 보았는가?
가을 강 사근사근 물결에 지워지는
너의 그림자를 보았는가?
내가 있기도 하고 없기도 한 것을

가을 강이 갈대밭에 바람을 몰고 와
강물 위에 던지면
낮은 곳 더 낮은 곳을 채우면서
빈손으로 떠나는 가을 강을 보았는가?
천근千斤의 무거운 짐을 지고
백팔계단을 아무리 올라가도
잡히는 건 허공뿐

가을 강은 빈손으로 더 낮은 데로 떠나
종교보다 더 큰 바다에 집을 짓는다.

가을 강

뉘엿뉘엿 해지는 가을 강은 거울 앞에 선 노인들의 모습을
볼 수 있습니다. 갈대밭엔 스산한 바람이 밀려오고 물기 마
른 갈대는 가을바람에 휘날리는 광경은 강물에 어른거리는
노심老心이나 다름없습니다.

동행 1

"빨리 가려면 혼자 가면 된다"
그러나 외로울 것이다

"멀리 가려면 함께 가야 한다"
그러면 외롭지 않아 든든할 것이다

마주 잡은 손 놓지 말자
그러면 깜깜한 밤길도
외롭지 않고 두렵지 않을 것이다.

 동행 1

"빨리 가려면 혼자 가고 멀리 가려면 함께 가라"
  아프리카 코사족의 속담으로 남아공화국의 최초의 흑인 대통령 넬슨 만델라가 자주 사용하는 명언으로 정치적인 연설문으로 사용되기도 하지만 평화의 의미가 다분하여 화합과 동행의 의미가 있습니다. 동행으로 함께하면 추구하는 목적에 이르게 되므로 함께 행복합니다.

동행 2

너는 혼자서
깜깜한 밤길을 걸어 봤느냐
그 길 갈 만 하더냐

혼자서 가는 길은
얼은 가슴 녹이며 가는
가시밭이란다

너도 그렇고 나도 그렇다
외롭지 않은 사람 어디 있다더냐

외롭고 어둔 길에
소쩍새라도 울어준다면
돌부리 채이지 않고 찾아갈 텐데
두 손 놓지 않고 꼭 잡고
동행하면 된다
그러면 외롭지 않아 든든할 것이다.

동행 3

하늘에서 처음
만들어내는
꽃
한 송이는
너에게만 주겠다

하늘에서
처음 만들어내는
샛별도
너에게만 주겠다

아무도 건네지 않은
꽃과 별은
오로지 너에게만 주어
너는 나에게
꽃이 되고 별이 된다

너는 시들지 않는
꽃이 되고 별이 되어
나와 함께 빛난다.

동행 4

내가 있어 네가 있고
네가 있어 내가 있다
내가 없으면 너도 없고
네가 없으면 나도 없다

이 세상 어디에도
너와 나는
있기도 하고 없기도 하다.

 동행 4

인간의 존재는 독자적獨自的으로는 유명무실하기 때문에 나
혼자만으로는 존재가 없음이나 마찬가지여서 무아無我이고
무아이기 때문에 공空이며 공이기 때문에 존재할 수 없다
는 것입니다. 붓다의 12인연법으로 존재란 이것이 있을 때
저것이 있고 저것이 있을 때 이것이 있다. 이것이 없으면
저것도 없고 저것이 없으면 이것도 없다. 이것이 일어나지
않으면 저것도 일어나지 않고 저것이 일어나지 않으면 이
것도 일어나지 않는다. 동행한다는 것은 대상이 있으므로
내가 있는 것이고 내가 있기 때문에 대상이 있는 것이다.
대상 없이는 연기緣氣가 발생하지 않기 때문에 무아無我이고
공空인 것이다. 그러므로 동행이라 함은 붓다가 말하는 인
연 중 가장 큰 인연이라고 할 수 있다.

꽃

고요한 바람에게서
꽃의 떨림은
두려움이 아니라
사랑의 몸짓이기에

우리가 만나 한 점
떨리는 가슴은
감출 수 없는 사랑이란 걸

비로소 너의 떨림으로
알게 되었지.

눈꽃축제 1

눈부시다
저 꽃
꺾이지 않는 순결

갈대꽃도 사랑을 위해
꽃 피겠지

바람이 흔들고 지날 때마다
고백하지 못하고 머리채만
흔들었지

갈대밭은 무거운 눈꽃으로
고개 숙였지.

눈꽃축제 2

은하의 시냇가에서
직녀가 짜낸 실크 옷자락

수천만 장의 하얀 손수건
천상에서 낙하落下 하는 꽃

그대가 뿌려 놓은 꽃길 사이로
우리 가슴에 흐르는 은하의 실개천

그대의 이름 앞에 서 있습니다
눈길에 멍하니 서 있습니다.

눈꽃축제 3

이 한겨울
누구의 하얀 목화꽃인가?

지상은 함박꽃 피는
순백의 천국

우리는 그립고 그리운 사람
목마른 사랑을 위해 머물고 싶으나
눈발 재촉하듯
빈 가슴 채우며 살아가야지.

봄비

소리 없이 내리는
봄비를 바라보자

낮은 데로 걸어가
따라가 보면
더 낮은 목소리 들린다

바다의 푸른 소금밭
거기 더 낮은 데로 내려가
소리 없이 익어가는 소금이 되자.

국화꽃

국화꽃은 화장하지 않아도 예쁘다
국화꽃은 말하지 않아도 고운 소리로 들린다
첫눈에 반해서 수줍어
내가 고백하지 못할 때
너는 향기로만 말한다
내가 너의 향기에 취해
너의 볼에 키스하려 할 때면
"마음이 고와야 꽃이랍니다"
"그러면 우아한 꽃이 된다"고
"그러면 향기나는 빛깔과 이름으로 꽃이 된다"고
답해줍니다
너는 너의 향기와 빛을 말하지 않고
꽃이라는 이름으로 피고 있다.

4부

바닷가에 가면
내가 다하지 못한 말
내가 다하지 못한 노래
내가 다하지 못한 시詩
저들이 다하고 있네

파도에게

바다 1

밤바다 피아노를 타는 파도 소리에
우리 모래 베게는 무너지고

천년의 바람 소리에
바다 깊이 산호의 무게는 살찌고

갈매기도 잠들어
우리가 다 하지 못한 사랑을
무수한 별들이 내려다보고 있네.

바다 2

너는 초록 손수건을 흔드는 깃발
너는 용서하며 사랑하는 천국
너는 화해하며 탄생하는 자궁
너는 회전하며 꿈꾸는 도시

너는 태어날 때부터
파란빛이 되어
이미 너의 형체는
푸른 빛 그것이었다

바다와 나
물새와 바다
나는 아직 바다의 형체를 알 수 없고
그 깊이를 모른다.

바다 3

뜨거운 바람
모래밭의 추억

뜨거운 모래밭
낙타의 노래

삐리
삐리
삐삐리
기우는 물새 한 마리.

나는 모래밭에 있고
나는 수평선에 있고
나는 하늘에 있다.

바다 4

바닷가에 가면
물새가 노래하네

바닷가에 가면
파도가 노래하네

바닷가에 가면
내가 다하지 못한 말
내가 다하지 못한 노래
내가 다하지 못한 시詩
저들이 다하고 있네

오 바닷가에 가면
물새랑
파도랑
나랑
다하고 있네.

바다 5

브란덴 브르크의 장벽이
허물어지던 날
문을 열었다

무너진 장벽의 철조망을
뛰어 달리는 여자
검은 지뢰밭을
뛰어 넘는 여자

바다
너는 이미 가시철조망과
검은 지뢰밭을

푸른 문을 활짝 열었다
장벽을 허무는 위대한 평화.

남해 어촌

저녁 물빛
어둠

저녁 램프
내 그림자

유자꽃 냄새
해풍에 밀려와

바다의 무덤
무덤의 바다

별빛 바다에
손을 씻고
내 무덤 속
바다에 누워
별을 씻는다.

우울한 서울

서울의 밤하늘은
왜 닫혀 있는가

서울의 밤하늘엔
왜 별이 뜨지 않는가

왜 서울의 밤하늘에
별에 뜨지 않는다 해도
그러면 천 길 속 나의 가슴엔
왜 별이 뜨는가.

마침내 시인이여
- 잃어버린 개를 찾습니다

이른 새벽 약수터에 물을 뜨러 갈 때, 저녁나절
동네 한 바퀴 돌 때, 하루 일 마치고 집에
돌아올 때 마중 나와 꼬리를 흔들며 따라다니던
우리 집 개 버스 타는 곳까지 쫄랑쫄랑 따라와
내 떠난 자리 지키던 우리 집 루루.
그러나 어느 날 개 도둑한테 잡혀갔는지
돌아오지 않았다. 충성스런 루루 어디로 갔나?!
개는 배신하지 않는다 개만도 못한 인간이
세상을 리드하고 잘난 척하는 사이비 세상
개보다 충성스런 사람 있다는 말 듣지 못했다
마침내 시인이여
잃어버린 개를 찾습니다.
루루같이 충직한 사람을 찾습니다.

파도에게 1

거품 지으며
요동치면서
꿈틀거리면서
들끓고 웅성거리는
너

내가 너로 하여 무너지리라
사랑의 힘으로 쉬게 되리라

침잠하는 바다의 깊이로
분노를 가라앉히리라.

파도에게 2

아 소리친다
고독의 소리를

고뇌의 물결
비틀거리는 모습으로
저 너머 하늘을 본다

기뻐 웅성거리며
초록빛 가슴
문을 연다.

파도에게 3

이리 오너라
오냐 오냐 그렇지
햇가루 날리며
눈부신 물보라 물방울 튀기며
나에게로 오너라

파도야 오너라
그리고 내 곁에서 꿈꾸며 살라

서서히 나에게로 와 잠자고 있는
내 영혼을 일으켜 세워
이 세상에서 가장 빛나는
한 줌의 소금으로 남게 하라.

 파도에게 3

유독 인간만이 우울이나 고독의 병을 앓고 있는데 불후不朽
를 원한다면 지속적으로 기도하고 염원하여 영원한 영혼을
구원해야 합니다. 맑고 밝은 영혼은 우울과 고독을 물리칠
수 있기 때문입니다.

파도에게 4

성난 파도여
무엇 그리 분노하는가

나도 한때는 너처럼
증오의 핏발이 솟구쳐
참을 수 없었다

대못을 박고 또 못질을 하여
십자가에 박힌 님이여
이 세상 빛과 소금이 되어 주소서

파도여 분노하지 마라
침잠하여 소금이 되라.

파도에게 5

파도가 못질한다
부서져
갈가리 찢어져
물의 살점을 안고
파도가 못질을 한다
이 지상은 거대한 모순
내가 너에게 못질을 한다.

파도에게 6

저 핏발선
성기性器의 충격

기쁨에 흥얼거리는
바람난 여자

껴안고 부서지고 솟구치고
사랑에 취해
비틀거리는 여자

저것 좀 봐 저것 좀 봐
사랑에 취해
소멸하는 물빛을 봐
너를 봐.

소녀에게

네 모습은 차라리 꽃이었다
네 눈은 차라리 푸른 바다였다
네 눈빛은 차라리 별빛이었다

나는
네 이름의 천당을 걷고
네 마음의 동경의 하늘에 서고
네 고요한 눈에 떨리는 꽃잎이 돼서
아무것도 보이질 않았지

네가 떠나간 자리
별빛은 내리고
나는 네 눈물의 고향인
별빛 거리를 걸으며
네 이름을 불러본다.

하늘 보기

나는 하늘을 본다
나는 절규한다
나는 절망의 늪을 걸어가고 있다

살아가리라 잘 살아가리라
불어오는 바람에 분노한다

하늘이 날 내려다본다
절규하거나 절망하지 말라

무슨 소리 들린다.

오늘은 동심童心으로

이 나이 팔십 줄에 닿아 뒤돌아보니
사랑 반半 웃음 반半 눈물 반半 걱정 반半
고였어라
오늘은 생로병사生老病死 지워버리고
동심으로 돌아가 보자

연분홍 진달래꽃 피는 언덕에
야트막한 집 한 채 지어놓고
너랑 나랑 오순도순 살고 싶었지

능수버들 휘늘어진 가지마다
초록빛 움트면
시냇가 버들피리 꺾어 불며
오손도손 속삭이며 걷고 싶었지

그러다가 제비꽃이라도 만나면
토옥 따서 머리 위에 꽂아주고
뚝방길을 온종일 걷고 싶었지

오 그렇지
때늦은 동심
오늘 하루 그 뚝방길을 걸어야겠다.

오늘은 동심으로

인간 순환기 노년기엔 어린 나이로 되돌아가고 싶은 퇴행심이 발현되어 추억이나 동심을 불러들이게 하는데 주변의 지인들이 하나둘씩 세상을 떠나고 경중輕重의 차이는 있으나 대부분의 사람은 인지력이 떨어지고 어떤 이는 치매 현상을 보이고 있는데 그런 정황을 볼 때마다 건강이 얼마나 소중한가를 깨닫게 됩니다. 그때마다 잠자고 있는 동심을 불러내어 노심을 가라앉히고 잠시나마 어린아이가 되어봅니다.

어린 나이로 돌아가서 1

내 어린 나이로 돌아가
호주머니 속을 털면
풀잎이나 꽃잎이나 나뭇잎이나
잠자리, 매미, 나비의 날개
해맑은 산새알 물새알 담겨있네

내 노트 갈피를 열면
해와 달과 별
햇빛까지 달빛까지도
파도소리 바람소리 풀냄새 향기
상냥한 새의 노랫소리도 담겨있네

하이네, 릴케. 프랑시스 잠, 바이런, 헤세, 베르네르여
나의 옷깃엔 풀물이 들어
향기로운 풀냄새 꽃향기
빨아도 빨아도 지워지지 않는
동심童心이여
비틀거리는 나를 부추겨 다오.

어린 나이로 돌아가서 2

해가 저문다
저문 하늘에 별이 뜨고
별 뜬 자리에
무수히 박혀 있는 우리들의 눈
아직도 빛나는 그 눈빛이
남아 있느냐

반디야 반디야
푸른 반디야
너의 꽁무니에 불이 켜지면
풀벌레 소리 별을 깨치는
그 여름밤이 아직 남아 있느냐

메밀꽃밭에 스산한 바람
귀뚜라미 달빛 깨치는
그 바람 아직도 불고 있느냐

대숲에 이는 바람
그 청솔밭 바람소리 들리는 듯
내 홀로 거닐던 갈잎 참나무숲
그 길이 남아 있느냐.

마주보기

저녁노을에 울음 타는 강물도
이별 연습이겠지

저녁 물빛에
어둠이 내리고
어둠이 내리고

별빛 깔린 바다의 무덤
밤이 지나고 아침이 오면
별빛도 희어져
기도를 해야 할 시간이다.

5부

개의 평화

여기는 푸른 하늘이다
여기는 푸른 들판이다
여기는 푸른 물 감도는 바다
오 여기는 내가 쉴 곳

청산靑山

청산靑山 가자
청산靑山 가자
하늘빛 높은
청산靑山 가자

청산은 멀어
멀수록 돌아가야 한다
말 없는 청산
멀어서 돌아가야 한다.

개의 평화
- 성산일출봉에 가면 개가 짖지 않는다

여기는 푸른 하늘이다
여기는 푸른 들판이다
여기는 푸른 물 감도는 바다
오 여기는 내가 쉴 곳

하늘 뚫린 들판을 걸어 유채꽃밭을 걸어 콩밭, 옥수수밭,
둑길을 걸어, 풀섶에 영롱한 아침이슬 온몸에 젖어,
푸른 숲에서 놀다가 한 끼니의 밥이면 포만으로 드러눕고,
한 치의 비 가리개 집 한 채로 평화롭고 평생을 단 한 벌의
옷으로 사치를 다 해도 부끄럽지 않고 멸시하지 않는다

개의 평화
개의 자유
개의 행복
그러나 여기 있는 우리는 허세
우리는 위세
우리는 증오
너와 나는 갈등 그리고 고통
사람이 사람을 갉아 먹고
여기는 빈껍데기 빈 껍질

차라리 나는
개처럼 살고 싶다.

인스턴트

- 도둑일지

아! 지상은 빛나는 소멸*
새들로 지상을 뜨는구나*
지상은 끝장이 나려는가
죽일 놈들
머리를 쇠망치로
내리쳐 죽일 놈들*

연약한 여자들이여
노출을 삼가라
남자들이여
너의 무기를 소중히 하라
아직은 무기를 뽑을 때가 아니다

눈물을 흘려라
조금씩 조금씩이라도
눈물을 흘려라

문 열어라
문 열어라.

*표 구절은 순서대로 이상범, 황지우, 구상 시인의 시구들임.

새의 이야기

어둠 점점 묻어나는 모래밭에
무수히 뛰어다니는 발자국

어둡다
둥지 찾는
날개
캄캄하다
깃 파닥이며
찾아가는 하얀 날개

또다시 아침에 일어나
깃 터는
새
한 마리.

유실遺失 1

지상은 날카로운 눈보라
비바람 진눈깨비 일어도
마르고 단단한 땅 위에
청보리 돋는다

우물가 하얀 탱자꽃
탱자나무 가시보다 더 아픈
슬픔 일어도
비바람에 뽑히지 말자

푸른 하늘 아래
청보리처럼.

유실遺失 2

너의 목소리를 찾아
이 어두운 밤을 걷고

너의 목소리를 따라
이 어두운 밤 꽃으로 솟아
뱀처럼 감기어 사랑의 눈을 뜨고

한 송이 패랭이꽃으로 태어나
한 춤씩 한 춤씩 시들어 가겠다
그리하여 푸른 하늘에
파랑새 되어
사랑의 형벌을 노래하리라.

유실遺失 3

한 점 바람일 것

한 점 침묵하는
돌일 것

적막한 강물에
손을 씻을 것

태양의 행방을 찾는
해바라기 곁에서
머리를 숙일 것

그리하여
너는 새가 되어
무수한 날개가 되어
유실된 별을 찾을 것.

전봉건 1
-돌밭 동행하기

잡석은 잡석끼리 모여서 산다
옥석은 옥석끼리 모여서 산다
모난 돌은 모난 돌끼리 모여서 살고
둥근 돌은 둥근 돌끼리 모여서 산다
푸른 강물에 달이 뜨고
무수한 별빛 털어
영롱한 무지갯빛
곱고 고운 돌
강가에 모여서 산다

그렇다
밤하늘 찬란한 별빛만을 바라보며
우리들이 모여서 산다

돌밭 강가에서
우리들이 모여서 산다.

전봉건 2
- 돌 찾기

돌은 줍는 것이 아니라
만나는 것이니라

돌을 찾고 또 찾는 일은
눈뜨기 위한 고행苦行 이니라

돌은 강가 돌밭에 있는 것이 아니라
네 마음의 밭에 있느니라

해가 지고
또 바뀌어도
쉼 없이 돌밭에 떨어져 나와
돌과 몸 부비며 사는 것은
고통苦痛 이니라

이윽고 거머쥔 돌 하나
그 돌이 시詩 이니라
시詩가 곧 돌이니라
그것 모두가 고행苦行 이니라.

전봉건 3
- 눈 씻기

하늘 한가운데
높이 떠서
울음 켜는
종다리

돌 한 점 들어 올려
푸른 여울물에 씻는
두 손

돌밭 한가운데
우뚝 서서
홀로 타는 먹빛 돌 한 점.

전봉건 4
- 선생의 병실

비가 내린다
어둠이 내린다

비가 내리고
어둠이 내리고
어둠이 내리어
바람이 분다

바람이 불어
캄캄한 먹빛 어둠에서
살을 저미고
뼈를 도리고
비바람 캄캄한 먹빛 어둠에서
피를 삭힌다

오 비에 젖고
어둠에 젖는
여기 꽃 한 송이
누가 일으킬 것인가.

전봉건 5
- 선생의 영결식전에 부침

돌이옵니다
돌이옵니다
핏빛 스민 돌이옵니다

돌 속에 박힌
푸른 댓잎
바람에 피리소리 감돌아 내는
푸른 댓잎이옵니다.

푸른 남한강 물줄기
물보라 날리며
푸드득 새처럼 나는
꿈꾸는 돌이옵니다

여울물 물보라에 단단히 깎인
그런 먹빛 돌
혈뇨 엉긴 그런
핏빛 쵸콜릿 돌 하고도
쩡쩡하게 강물 갈아세울
그런 돌 하나가
바람에 구멍이 뚫리고 있습니다.

피리가 된 돌이옵니다
피리가 된 돌이옵니다.

바다와 나비

나는 무엇인가
바다를 항해하는 위험한
나비

나비의 날개
날개의
꿈

나는 바람이라도 불면
낙하落下의 위기

바다의 나비
너는 무엇인가.

인동忍冬

나뭇가지 마른 풀
피리 소리의 바람 속

알몸으로 인동忍冬하는
한 점의
돌

아 나는 언제
돌로 깨어나
푸른 물 강가에서
두 눈을 뜰까.

4월

복사꽃
푸른 종다리

나의 피
솟아오르고

보리밭 하늘
종다리 노래

피 울음 종다리
하늘
눈
빛.

잎새에 이는 바람의 말

꿈꾸라
꿈꾸라
노래하라
너를 유혹하거든
따라가지 마라

기뻐하라
춤도 춰 봐라
사랑하라
그래도 너를 유혹하거든
거절해 봐라

잎새에 이는 바람에게도
무슨 사연 있겠지
계속해서 유혹하거든
조용히 따라가 보라.

열매 솎기

　꽃에서 벗어나 열매들이 또랑또랑 눈을 뜨고 토실토실
살쪄가고 나의 욕심은 벌써 가을날 햇살에 덩그러니 물
오른 배의 맛을 예감하고 열매들을 바라본다 수많은 것들
중에 어떤 것을 솎아낼까 어떤 것을 지워낼까 벌써 열매
는 죽음과 내통한다 이를 악물고 버티고 있는 살덩이
　새롱새롱 얼굴에 윤기 있는 종아리 생生과 사死의 갈림길
에 긴장의 눈초리로 나를 꿰뚫고 있는 현자賢者의 눈. 그러
나 한 놈 한 놈 바라보는 나의 눈은 예리하다
나의 혀는 이미 달다
전지가위의 칼날을 든다
과일을 탐욕하기 위해 나의 칼 장난에 싹둑
잘려지는 모가지
지상으로 낙하하여 신음한다
　지상의 모든 것들은 죽음을 허용한다. 아무 일 없다는 듯
피붙이끼리 살 부비며 살아가는 놈들을 바라보며 비장한
결단을 내린다 솎아야 한다 잘라 낼수록 탐스러운 열매의
근성 너희들도 세상을 닮았구나.

종소리

새벽
여섯 시
산사山寺에서 들려오는
이명耳鳴의 종소리

내가 들으려 해도
들리지 않고

내가 듣지 않으려 해도
종소리는 들린다.

꿈
-돌부처를 바라보면 언제나 꿈을 꾼다

  바람이 분다 바람이 불고 눈비가 온다 내가 바람을 따라
다니는 건지 바람이 나를 따라다니는 건지 어딜 가도 바람
이 불고 어딜 가도 비가 내렸다 바람은 쫓을수록 더 혹독하
게 나의 귀를 때리고 도망갈수록 더 빨리 따라왔다 외길
하나가 보였다 갈수록 가시밭길 열두 개의 혀를 가진 뱀들이
혀를 날름거리고 천둥은 하늘을 가르고 열두 개의 탈을 쓴
도깨비들이 요란한 춤을 추고 피를 내뿜는 귀신들이 이빨을
드러내는 그 길을 지나 수천 길 낭떠러지의 난간을 위태롭게
건너 마지막 발자국을 내딛는 순간 수백 길 벼랑으로 떨어지
고 말았다 나는 기절했다

웬일일까

  맑은 시냇물 돌돌 거리며 흘러가고 꽃봉오리 꿀벌 떼 윙윙거
리며 꿀을 물어 나르고, 생명 넘치는 푸른 풀들이 너울거리고
새들이 쌍쌍이 입 맞추고, 빛나는 햇빛, 바람은 고요하고 즐거
운 노래로 가득하고 천지에 향기로운 아름다운 꽃, 나는 깨어
나 눈뜨고 있었네 푸른 연꽃 한 송이 받쳐 들고 있을 때 어디서
말씀이 들렸다

들어서면 안 된다
여기가 이승이요 천당이니라
네가 있는 곳이 천당이니라.

6부

강물이 흐를 때 낮은 목소리
더 낮은 목소리로 소리 내며
떠나는 뒷모습을 보았는가
너도 한줄기 강물이란다

가을 강 인생

가을 강 인생

가을 강 갈대밭에 서걱이는
저 바람 소리 들리는가
인생이란 한낱 스치는 바람이란다

강물이 흐를 때 낮은 목소리
더 낮은 목소리로 소리 내며
떠나는 뒷모습을 보았는가
너도 한줄기 강물이란다

해 넘어가는 저문 강물에 어리는
너의 모습을 보았는가
너도 강물처럼 사라지는 바람이란다.

두 다리의 기적

물 위를 걷고 하늘을 나는 것이
기적인 줄 알았습니다
두 다리로 걷는 평범함이
기적이란 걸 알았습니다
돈이 제일이라고요?
그것 좋지요
그러나 사랑과 건강은
돈으로만 되지 않아요
그러면 사랑이 제일이라고요?
그것 좋지요
그러나 건강하지 못하면
사랑도 이룰 수 없습니다
그러면 건강이 제일이라고요?그렇지요 건강이 최고지요
두 다리로 걸어 다닐 수 있으니
돈도 사랑도 이뤄집니다
두 다리로 걷는 평범함이
기적이란 걸 알았습니다
건강이 기적입니다.

겨울나무

겨울나무는 입춘부터 입동까지
겹겹이 입었던 옷을 벗고
마지막 잎새 하나까지도 모두 벗고
알몸으로 설한풍雪寒風을 녹이고
눈꽃을 피웁니다

나는 왜 정품 브랜드
두꺼운 패딩을 입고서도
온몸이 떨리는데
겨울나무는 차갑고 시린 눈雪을
알몸으로 맞으면서도
눈꽃을 피웁니다

겨울나무는 알몸으로
겨울 길을 걸어갑니다.

소녀

소녀가 마신
하얀 향기와

소녀가 뱉은
하얀 입김과

소녀가 걷는
하얀 발자국엔

하얀 소녀
하얀 소녀
하얀 소녀
발자국 뗄 때마다
순백의 하얀 소녀라고 찍혀있네.

오늘

동이 트면 노을로 지고
노을이 지면 동이 틉니다
오늘은 내일로 내일은 또 내일로
세월이 되어
우리가 한 춤씩 노을빛으로
물들어 가는 날.

바다의 평화

너는 갈매기 망망한 수평선에서
하루종일 그렇게 노래하였어

황금의 햇덩이 부둥켜안고
너의 깊은 궁전으로 들어가
깊은 밤을 맞이하였어

너의 소리와
너의 빛깔과
너의 깊이를 아무도 알지 못한다

오늘에서야 나는
너의 거룩한 손바닥에
평화라는 이름을 새겨 넣는다.

사과

햇빛과 달빛
별빛까지도
빛이라는 빛
고귀한 빛만 모아

새콤하게 빛나면서
둥글게 여물면서
달게 익으면서
여자의 젖 꽃지는 빛난다

새콤하게 여물면서
둥글게 익으면서
달게 빛나면서
여자의 젖가슴은 부풀어 오른다

달게 여물면서
둥글게 빛나면서
새콤하게 익으면서
여자의 언저리는 꿀물로 가득 찬다.

현재
- 추락하는 것은 날개가 있다

추락할 대로 추락해보자
진정한 행복은 거지가 왕이로소니
거지가 되어 왕처럼 행복해 보자
더 이상 추락할 수 없어
한 번 더 날아보자꾸나
더 이상 추락할 수 없어 날고 싶으나
날개가 없어 날지 못하니
날개가 있어 날 수만 있다면
얼마나 좋을까.

별 찾기

별을 보라
별빛을 보라
어둘수록 빛나는
우리의 먼 길

우리가 모든 것 잃어
더 잃어버릴 것 없어
우리가 버린 가슴을 찾듯이
별빛이 보인다

잃어버린 사랑
잃어버린 꿈
잃어버린 영혼 같은 것
눈을 씻고 손을 씻고
오늘은 하늘을 보자
그리고 별을 찾아
별빛만 바라보자.

별 찾기

매일 밤마다 뜨는 별을 왜 찾을까요?

 옛적에 전깃불 없이 살던 미개의 시대엔 밤하늘에 수천수만의 별들이 깨알처럼 박혀있었고 은하의 시냇가엔 그야말로 전설의 견우직녀가 만난다는 오작교를 눈으로 똑똑히 볼 수가 있었건만 문화 문명의 최고의 이기利器인 전기의 사용으로 밤과 낮을 구분할 수 없을 정도로 환한 도시화로 별이 뵈일리가 없지요. 과거를 동경하고 회귀하려는 의지는 별을 찾는 충족으로 잃어버린 별을 찾게 됩니다. 경건한 마음으로 별을 찾기 위해 밤하늘을 바라보게 됩니다.

새해에는 1

이제 나는 아무 일도 못 한다

마른 나뭇가지 파란 눈을 뜨고
새의 노랫소리 가지 위에 어른거리고
햇살 싱싱한 풀잎이
나를 기다리겠지

초록빛 깔리는 들판에
무성한 꽃들이 넘치고
너울거리며 춤을 추겠지
나를 불러내겠지

바다를 가도 산을 올라도
연분홍 꽃잎이 흩날리고
진달래꽃 눈보라처럼
피어서 흩어지겠지
내 눈에 쟁쟁하겠지
내 사랑하는 사람들을 기억하겠지

안개처럼 지루한 겨울이 다하기 전에
나는 벌써 그 봄을 기다린다네.

새해에는 2

푸른 봄은 다시 오겠지
어둠 속 무릎부터 어깨까지
상승하는 봄의 수액이
나를 적셔주겠지

태양이 웃으며
내 머리 위를 반짝일 때
나는 빛으로 아침마다
내 노래 부르겠지

부드럽고 따뜻한
내가 잡은 손
꽃빛으로 소리 없이 눈부시겠지.

새해에는 3

이 겨울 지나면
차디차게 얼어붙은
너의 눈시울에도
새봄의 파란 강물이
은하의 꿈결처럼 사랑이 나부껴서
햇덩이 같은 붉은 장미
열 송이 백 송이 천 송이씩 피어나서
너의 눈물 닦아 줄 거야

오직 사랑으로 하여
한꺼번에 장미로 일어서서
줄기차게 나부끼며
너의 사랑 노래 굽이칠 거야.

새해에는 4

처음으로 태어나는 꽃들이
부드럽고 따뜻하게 번져
네 손바닥 털어내도
꽃잎으로 가득할 거야

푸른 잎새 돋아나
네 무릎 꺾어도 녹색은 일어서서
허리까지 올라설 거야

발아래 눈부시게 빛나는 바다 물결이
태양을 띄워놓고
한없이 부드러운 춤을 출 거야

이 겨울 지나면
너는 새가 되어 푸른 날개가 되어
하늘엔 노랫소리 가득할 거야
너와 나의 가슴에도
꽃들이 넘칠 거야.

새해에는 5

꽃잎 솟아나는 계절이 오면
꽃들이 너울거리며 반짝이며
싱싱한 풀잎을 불러 모아
따뜻한 너의 노래 불러 주겠지

싱그러운 숲에서 퍼져 나는
산새들의 악보에
숲을 휩쓰는 기쁨의 찬양
부드러운 손으로 감싸주겠지

곱고도 영롱하게 빛나서 비추면서
너는 내게로 와서
태양이 웃는 환한 웃음을
나에게 전해 주겠지

꽃 같은 꽃잎 같은
맑은 햇살 강물 같은 손길이
물 흐르듯 우리의 길을 안내하겠지.

강물

흐르는 강물은 넘치지 않는다
유유悠悠한 강물은 흐를 줄 안다
뒤돌아보지 않고 떠나는 강물은
기적을 만든다
만약에 흐르지 않고 멈춘다면
범람하여 논과 밭과 집을 덮칠 때
흐른다는 것은 얼마나 위대한가
유수流水같은 벅찬 세월을 씻고 쓰다듬어
곱고 고운 돌을 만들고
낮은 데로만 흘러
바닷물에 몸을 섞고
최후의 소금으로 남는다
우리들의 양식糧食이 된다.

꿈꾸는 돌

나는 징이어요
징 소리이어요
강하게 두들기면 두들길수록
모래벌판 바람을 사위고
되돌아오는 울음이어요

나는 청보리이어요
눈비 오는 겨울날
푸른 칼날을 들고 일어서는
청보리이어요
눈물 도는 청보리이어요

나는 돌이어요
돌이어요
하늘 땅 모래사막에서
불덩이로 침묵하는
돌이어요

나는 물이어요, 바다이어요, 파도이어요
그리하여 바람과 침몰하여
이 지상을 덮고 바다를 잠재운 뒤
물빛에 출렁이는
달빛이어요

오 나는 무엇인가
물은 언제나 돌을 뚫고
돌은 언제나 물을 닦을 것인가
오 불덩이로 침묵하는 돌이
언제 다시 꽃으로 될까.

 꿈꾸는 돌

수석壽石, 또는 수석水石에 관련하여 명품 중 제일가는 수석은 오색관통석烏色貫通石, 앞뒤가 뚫리어 행운석이라고도 부르는데 관통석이 되려면 수천수만의 풍마風磨(바람에 연마)와 수마水磨(물에 연마됨)로 깎이고 단련되어 구멍이 뚫리게 되니 고작 인생 100세에 비하면 무한시공無限時空의 겁劫을 거쳐야 하나? 그렇다면 수석다운 수석은 부처나 다름없지 않은가? 자연이 만들어 낸 예술품으로 인위적인 예술품과 어찌 비교할 수 있는가? 예술품 중 자연이 만들어낸 견고한 한 점의 돌이 부드럽고 환한 꽃으로 피어나려면 얼마를 더 침묵해야 하나요?

은하수

눈 부신 빛의 계단을 타고
반짝이며 꽃 등불 켜고 내려와
밤하늘은 푸른 바다

별밭 골짜기
아 그대 두 눈의 푸른 고향
오직 사랑으로 넘쳐 빛난다.

강가에서

강물은 따뜻한 눈물이었다

소리 없이 부드럽게 속삭이면서
흐르는 네 속의 목소리였다

너와 내가 맞잡은 손
따뜻하게 흐르는 강물이었다.

별

별이
밤하늘에
꽃으로 피었네
그러나 밤이 지나고
아침이 오면
꽃잎은 지리라

지는 것을 두려워 마세요
밤하늘에 별처럼
다시 피어나리라.

이끼

비가 내린다
바람 불고 눈보라 쳐도
사흘 낮 사흘 밤을
쏟아부어도
떠날 것 다 떠난 자리에
남아있는 푸른 목피木皮의 흔적

잎인 듯 잎도 아니고
뿌리인 듯 뿌리도 아닌
아무것도 아닌 것이
참으로 위태롭지만
대단히 위대하도다.

이끼

아름드리나무의 목피木皮에 붙어 사시사철 살아가는 이끼를 놀고 먹는 기생녀妓生女의 본本이라 하겠지만, 잎도 줄기도 뿌리도 없는 본분本分 없는 소홀한 이끼지만, 아무 데나 들러붙어 욕구를 충족시키는 게 아니라 햇빛과는 멀리하고, 양지바른 나무나 담장을 금기시禁忌視하며 습한 음지의 바위나 나무 기둥을 가려내어 배필로 삼고 지들끼리의 룰(법)을 지키며 죽은 듯 죽지 않고 한 춤씩 한 춤씩 삶의 공간을 늘려가며 염원하고 산다.

 나무 기둥을 감싸 안고 나무에게 감사를 드리고 나무에게 수분을 공급해주며 기생妓生 아닌 공생共生과 상생相生으로 서로 도우며 산다. 한 줄기의 빛으로도 소멸하는 약하디약한 이끼는 대단히 위태롭지만 생명을 지키는 의지는 위대합니다.

국화꽃 이야기

봄부터 기르고 있는 국화꽃이
오늘은 말을 건네옵니다
이른 봄 연탄 잿더미에서
남루하게 살고 있을 때
당신의 따뜻한 손길로 키워주어서
이만큼 예뻐졌다고, 튼튼해졌다고
말을 건네옵니다
또 말을 건네옵니다
나쁘다고 베어내면 잡초와 다름없고
좋다고 가꾸면 화초가 됩니다
잡초와 화초는 당신의 관심에
달렸습니다 감사하다고
말을 건네옵니다.

산을 오르면

오늘은 높은 산마루에 올라
쉬엄쉬엄 내려가는데
산이 말을 건네옵니다

나무를 보고도 숲을 보지 못하고
숲을 보고도 나무를 보지 못하니
네가 나를 어찌 알겠나?

네가 나를 알지 못하니
내가 너를 어찌 알겠나?
내가 나를 알지 못하니
네가 너를 어찌 알겠나?

매미

한낮에 찌는 폭염을 식히느라
참나무 숲 벤치에 앉아있으니
거대한 숲의 바다
무성한 잎사귀들이 찌는 더위에
고요로 숨이 멎을 때
정적으로 날아오는
바람 소리인가 했더니
바람 소리 보다 더 큰 매미 소리.
땅속에서 아둔한 굼벵이로
칠 년을 은거하다가
껍질을 벗고
칠 일을 노래하다가 생을 놓는다.

당신이야 사나운 폭염에 쫓기든 말든
목소리 높여 득음得音 하라고
득음하라고
득음의 시를 쓰라고 함치게 노래를
뽑아냅니다.

매미

매미는 굼벵이로 7년을 살다가, 어떤 것은 짧게는 3년, 어떤 것은 10년, 20년까지도 은거하다가 허물(해탈)을 벗고 매미로 환생 한다지요. 그러다가 7일 동안, 어떤 것은 20일 동안 목청껏 노래하다가 득음得音(깨달음)과 동시에 생을 마감합니다. 마치 어리석은 어린 왕자 싯다르타가 황실을 버리고 오랜 세월 설산에서 금식, 수행하다가 갠지스강 강가의 보리수 밑으로 내려와 처녀가 주는 젖으로 금식을 해제하고 7일 만에 해탈하여 부처가 된 참뜻을 매미가 그 득음으로 들려주나 봅니다.

노수빈 시인의 문학정신과 시의 세계

　가상의 한 평론가는 노수빈 시인을 초청하여 문학여행을 떠났다. 이러한 문학여행을 통하여 작가의 문학세계를 심도 있게 해석해 보고 조명하는 일은 문학의 저변 확대와 독자와의 거리를 좁히는 기회가 되고 있다.

　노수빈 시인의 문학정신과 시의 세계를 조명해 보기 위해 가상의 문학평론가와 노수빈 시인과의 문학여행으로 안내한다.

A : 질의자, 가상의 문학평론가
B : 응답자, 노수빈 시인

　A: 노수빈 시인님을 토크투어에 모시게 되어 반갑습니다. 될 수 있으면 실제적이고 현실성이 있는 일상의 사건들을 문학에 접근시켜 말씀해주시면 좋겠습니다.
　B: 네, 문학토크 투어에 초대해주셔서 감사합니다.

　A: 시인님의 고향은 어디 신지요?
　B: 정확히 말하면 충남 공주시 우성면 동곡리라는 곳이에요. 차령산맥 줄기에 무성산이 있지요. 공주지역에서는 계룡산 다음으로 높고 깊은 산일 거예요. 충청도 벌에서는 옛날에 홍길동이가 움막동굴에서 살면서 활동했다는 그곳입니다. 그 산줄기에 하늘만 빼꼼히 바라뵈이는 작은 마을인데 옛부터 농업이 근간이 되어 조상 대대로 농사를 짓고 사는 동네인데 만경노씨萬頃盧氏 후예인 부친 노인선盧仁善 님과 제주고씨濟州高氏 후손의 모친 고인순高仁順 님과의 사이

에서 3남 3녀 중 세 번째 장남으로 태어났지요.

A: 고향에서의 가족에 관련하여 강렬하게 기억이 남는 일이 있다면 한번 말씀해 주세요.

B: 네 좋은 추억이나 사연도 많지만 그런 것보다는 고통스러운 일들이 잊혀 지지 않지요. 그중에서 어린 시절에 처음 겪어보는 동생의 죽음은 잊히지 않지요. 내가 초등학교 4학년 되는 해에 7살 되는 막둥이 남동생이 있었는데 1년 동안 앓다가 죽었지요. 막둥이는 하잘것없는 모기가 감염시키는 말라리아(학질)에 걸린 것을 제대로 치료하지 못해 1년 정도 앓다가 죽은 것 같아요. 병이 짙어갈수록 탈진하여 죽어가는 모습은 감수성이 예민한 소년 시절에 당하는 일이어서 너무 슬프고 당황스러웠지요.

산속에 용한 침쟁이(침술사)를 찾아가서 침을 맞는 게 처방의 전부였지요. 아버지는 병든 동생을 업고 홍길동이가 거처했다는 그 험한 산길을 오르내리며 침 치료받느라 기진맥진 온갖 정성을 다했으나 의술이 전무한 미개의 시대라서 말라리아를 발병의 원인도 알지 못하고 처방을 올바르게 할 수 없었기에 탈진해 신음하는 막둥이의 외마디 소리는 지금도 가끔 이명으로 남아 있습니다

A: 그런 것들이 작품에 영향을 주었는지요?

B: 초등학교 4학년 때라 그러한 사건을 주제로 작품을 쓴다기보다는 막둥이가 죽은 뒤 동네 어린애가 죽었다든지 막둥이 또래들이 어울려 노는 것을 보면 막둥이가 보고 싶고 너무 슬펐지요. 그때의 어린이의 학교 교습은 일기 쓰기를 권장하는 시대라서 그러한 슬픈 사연을 일기장에 담아내게 되니 그런 감정이 저절로 일기장에 녹아내려 내 문학의 기초가 되었다고 볼 수 있겠지요.

막둥이가 죽던 날 억수로 눈이 오는 추운 겨울날이었어

요. 얼마나 눈이 많이 왔던지 무릎까지 쌓였어요. 그렇게 눈이 많이도 내리던 날 어머니는 죽은 시신을 끌어안고 통곡하고, 할머니도 누님들도 나도 목 놓아 울었어요. 아버지는 너무 슬퍼서 시신 곁을 떠나 안마당 뜨락으로 내려가 허공을 바라보며 속절없는 눈물을 흘리셨지요. 열 식구의 통곡은 진혼곡이 되어 산골짜기 메아리로 흩어졌지요.

곡괭이로 언 땅을 파서 매장을 해야 하는데 눈이 많이 쌓인 꽁꽁 얼어붙은 땅을 곡괭이로 파기엔 역부족이어서 당숙부가 가마니에 시신을 싸서 지게에 지고 간 것까지만 알고, 막둥이가 어디에 묻혔는지 어떻게 묻었는지 안 묻었는지 알 수 없었지요. 우리 집 왼쪽 숯토골이라고 하는 골짜기에 아름드리 왕소나무가 한 그루 있었는데 그 소나무 밑에 돌더미 안에 넣었지 않았나 추측하여 가끔씩 가재를 잡으러 그 골짜기를 가다 보면 그 돌무덤이 나타나는데 머리가 쭈뼛쭈뼛해지면서 전신에 소름이 끼칠 정도로 무서웠지요. 동생귀신이 나타나 따라오는 느낌이었지요. 유년 시절에 처음 겪는 가족의 죽음은 문학작품에 감성을 일으켜 주는 것 같지요.

A: 아! 그렇군요. 어린 나이에 큰 충격을 받았군요. 그러면 글쓰기의 소질이 드러날 때는 어떤 것이 있는지요?
B: 어렸을 때의 문학에 대한 소질을 질문하셨는데 조금 전에 말했던 동생의 죽음 같은 슬픈 사연도 있지만, 내가 중학교 2학년 때부터 공주 시내 학교까지 먼 거리를 자전거로 통학하느라 고생을 많이 했지요. 버스도 없고 대중교통이 전무全無한 시대라서 터덜거리는 자갈길을 자전거로만 통학을 했으니 그 고생을 짐작하시겠지요?

중학교 2학년 때 어느 날, 자전거를 타고 하교하는 길에 금강다리를 건너는데 허리 굽은 할아버지가 나의 자전거를 멈춰 세우더니 강다리 밑에 지팡이가 떨어졌다며 지팡이를 주워달라는 거예요. 다리 밑으로는 강물이 흐르고 강기슭 모래밭에 지팡이가 떨어져 있더군요. 지팡이를 주워다 할아버지께 드렸더니 "이 지팡이가 없으면 집에 갈 수가 없는데 학생 같은 착한 구세주를 만났네. 참으로 착한 학생이지.고마워라!" 하면서 10환짜리 동전을 몇 개 주면서 과자라도 사서 먹으라고 주는 것을 사양하고 집으로 달려 갔지요. 나보다 네 살 위의 둘째 누나가 있었는데 그 누나가 지금은 고인이 되었지만 그 누나한테 하굣길에 있었던 일을 상세히 예기했더니 나의 누나는 내 머리를 쓰다듬으며 좋은 일했다면서 많은 칭찬을 했지요.

그 당시 담임 선생님이 국어 선생님이었는데 일기를 쓰라는 거예요. 그리고 한 달에 한 번씩 일기장을 검사하였지요. 타의 반 자의 반으로 일기를 계속 썼는데, 일기장 검사를 하는 날 할아버지의 지팡이에 대한 일기를 보셨는지 선생님께서 국어시간에 동료 급우들 앞에서 나의 일기를 직접 낭독하시고는 축하의 손뼉을 치게 하는 거예요. 그리고 선생님은 선행을 했다면서 많은 칭찬을 하셨지요. 신바람이 나서 일기를 계속 쓰게 되었습니다. 이러한 일기 쓰기의 기초가 문학의 소질을 키우는 원동력이 되었다고 생각을 하고 있지요. 그런데 지금은 일기를 쓰지 않아요.

A: 지금은 시를 쓰시잖아요?
B: 네 그렇지요. 지금은 여기저기에 제출할 원고들이 많아서, 특히 시를 쓰고 간단한 메모 형식으로 소감을 기록하니까 한 차원 높은 일기를 쓰는 거나 다름없지요.

A: 고등학교 시절에는 문학에 특별한 관심을 가지셨는지요?
B: 문학에 관한 관심을 가질 수가 없었어요. 지금의 학생들도 마찬가지겠지만 그 당시에도 대학입시 과목이 국어,

영어, 수학이 필수과목이고 사회나 역사가 선택과목이었기 때문에 문학에 관심을 둘 여유가 없었지요. 다만 국어교과서에 나오는 작가의 이름, 제목, 주제 등 문답식의 학습에 불과했지 전문적인 활동이나 문학써클 자체가 없던 시대라서 문학에 대한 취미나 특별한 관심은 없었지요.

A: 그렇군요. 그러면 대학 생활은 어떠하셨는지요?
B: 대학 생활 당시에도 글 쓰는 사람들은 침침한 골방 구석에서 수염도 깎지 않고 면도도 하지 않은 꾀죄죄한 모습으로 심리적 갈등과 사회현실과 동떨어진 비현실적인 존재로 인식했지요. 때문에 문화예술인들은 가난의 팔자를 자초하여 빈곤에서 벗어날 수 없다는 판단으로 국문과를 지원했다가 상학과 (현 경영학과)를 선택했지요. 그래서 상학이 필수과목이었고 부수적으로 국문학은 교양과목이었지요. 일기 쓰기의 숙련된 산문을 차츰 운문(시)으로 전향하여 영화배우나 가수, 예술인들의 실상을 다루는 대중잡지가 호황을 맞을 때《명랑》《아리랑》등 잡지에 시詩를 투고 하여 실리기도 했지요.

대학 3학년 때의 일인가? 하기 종강을 하고 방학 기간에는 시골 고향에 내려가서 부모님들의 가사를 돌봐야 하는데 나의 부친께서는 자수성가하신 땅부자였어요. 농지가 많으니까 머슴도 두고 일꾼을 매일 얻어도 일손이 부족하여 도와드려야 할 텐데 뙤약볕에서 진흙 깔린 논에 들어가 김을 매고 피사리를 하는 일은 중노동으로 고역이었지요.

그래서 중학교 학생을 가르쳐주는 가정교사로 들어가 용돈도 벌고 고역의 농사 노동에서 벗어날 수 있었지요. 그러다가 한 수 머리를 써서 일기장에 적혀있는 나의 자작시를 뽑아서 멋진 배경의 사진에 붓글씨를 써서 액자에 넣어 다방이나 요정집을 찾아다니며 지금 생각하면 대단히 변변치 못한 시화詩畵를 팔러 다녔지요. 종로에 있는 요정집 한 곳에 가서 중년신사에게 시화를 보여줬더니 장래에 유명한 시인이 될 거라면서 간단한 시평詩評을 하며 만 원짜리 지폐 두 장을 지불하고 사 가는 거예요. 당시 대재벌 그룹의 경력사원의 월 급여가 3만 원 했으니까 지금의 실물 가치로 환산해서는 3백만 원을 호가할 정도이니 단박에 횡재를 만나 학비에도 보충하고 용돈으로 충당했습니다. 그게 제일 큰 아르바이트고 나머지는 푼돈 몇 푼씩 받아 가면서 상당 기간 계속했어요.

A: 군대 시절은 어땠습니까?
B: 12월에 영장이 나와서 조치원 예비사단에서 훈련을 받을 때였어요. 훈련병을 교육하는 교관이 중위 계급의 중대장이었는데, 그당시 그 중대장이 연애를 했나 봐요. 신상명세에 나의 특기가 문학인 걸 알고는 나를 불러놓고 여자친구한테 연애편지를 보내려고 하니 노 이병(최하위의 군대 계급)이 대필하여 멋지게 써달라고 하여 미사여구美辭麗句를 총동원하여 대필해 주었지요. 그랬더니 야간에 내무반을 지키는 불침번을 열외시켜 주더군요. 연애편지 대필로 큰 특혜를 받은 것이지요. 까마득한 옛날얘기기 때문에 이런 얘기를 해서 군사기밀 누설이라고 잡아가진 않겠지요?
하하하! 훈련을 마치고 5월 7일인가? 강원도 화천군 사내면 사창리에 주둔하고 있는 27사단 78연대 본부에 무선통신병으로 배치되었는데 그곳이 얼마나 추운 곳인지 들판엔 풀들이 짙게 깔린 완연한 봄인데 먼빛으로 보는 화학산 꼭대기는 나뭇잎이 다 떨어진 채로 앙상한 나목裸木들이 울타리처럼 서 있었지요. 춥고 외진 골짜기에서의 부대 생활은 고달프고 죄수들의 수형 생활이나 다름없었습니다. 이북과 맞닿은 최전방 예비사단이어서 1개월에 한 번씩 실전을 방불케 하는 야전훈련野戰訓練을 할 때면 지옥을 오가는 심정이었지요. 그럴수록 고향 생각은 굴뚝같이 나고 부모형제 친구들이 그리웠지요. 그때마다 감정을 노트에 적기도 하고 짧은 시를 써서 내무반 병사들이 보는 앞에서 낭송을 하면 동료 의식이 통하는지 눈시울을 붉히는 전우도 있었지요.

A: 다음은 직장생활과 시 창작 활동에 대해 한 말씀 해주세요.

B: 군 복무를 마치자마자 대농그룹의 명동 미도파백화점에 취업이 되었지요. 지금보다도 취업난이 심각할 때인데 국내에서 몇째 안에 드는 대농그룹에 취직되었으니 행운이었지요. 그런데 개점 3주년 차 되던 해부터 직원들의 급여가 번번이 지연되었고 직원을 소액주주로 만들어 주주총회에 참석시키는 등 비정상적인 경영을 하는 거예요. 그리고 자금력이 부족한 상황에서 상품권을 발행하여 매각시켜 현금화 시키기 위해 직급별로 상품권을 할당시켜 강매토록 하는 머슴살이 바지사장의 현실은 어땠을까 하는 동정심도 가기도 했지요. 대농의 섬유 사업에 막대한 은행 빚을 투자한 것이 자회사인 미도파에 큰 피해를 줬던 것이지요. 아무리 비정상적인 경영방침이라 하더라도 따르지 않으면 짤리기 때문에 울며 겨자먹기식으로 동조할 수밖에 없었지요. 필자도 엄청나게 많은 금액의 상품권을 할당받아 친척이나 친지들에게 강매를 했지요. 그러다가 대학 동기 친구에게 상품권을 급여의 몇 배의 금액으로 판매했다가 대금을 한 푼도 받지 못하고 대납하느라 마음고생과 경제적 타격을 받았지요.

친구 잃고 돈을 잃었으니 어디에 하소연하겠어요? 순수했던 정신이 사회에 나와 직장 밥을 먹으면서 오염되기 시작하는 사례라고 볼 수 있겠지요.

순수한 문학정신은 비정상적인 사회를 비판하게 되고 부조리한 생활문화와 조화를 이루지 못하는 단점 아닌 단점을 안고 있지요. 문학과 기업, 문학과 경제, 문학과 정치,

문학과 사회라는 명제를 걸고 격론을 벌인 다면 참여문학이냐 순수문학이냐로 결론이 나겠지요. 필자의 경우 군대생활, 회사생활을 겪으면서 많은 부조리와 부도덕한 비정상적인 인간성을 경험하면서 자동적으로 문화문명과 인간성 상실을 강도 있게 비판하는 그런 부정적인 시각으로 초기 시를 썼던 것 같습니다.

A: 아! 그렇군요. 첫 시집을 내는데 그러한 동기와 사연이 있었군요.
B: 저의 보잘것없는 첫 시집 [두고 온 산]은 70년대 초기의 사회적인 분위기가 조금 전에 설명했던 기업가들의 정신 문화가 오로지 물질만능주의 이어서 오로지 물질과 돈에 눈이 멀어서 부동산에 투기하여 일확천금을 얻어 흥청망청, 말 그대로 뱃속엔 똥만 가득한 사업가, 오너를 일컫는 똥방각하 시대였지요. 미도파 5년의 퇴직금 모두를 털어 첫 시집을 출간했지요.

A: [두고 온 산]의 시집에 있는 시 한 편을 듣고 싶네요.
B: 네 제목은 [현재]입니다. 사회를 풍자하는 아주 짧은 시입니다.

도시락 추켜들고
더러운 공해를
마시러 가자
육탄이 범람하는 전쟁을 치르러

이상입니다.

A: 잘 들었습니다. 경쟁사회에서 살아남기 위해 무진장 애를 쓰고 갈등하면서 인내하려는 자세를 보이고 있군요.

전봉건 시인이라면 우리 문학사에 비중이 있는 분이신데 그분과의 인연에 대해 말씀해주실 수 있을까요?

B: 네 부질없이 출간한 [두고 온 산] 시집을 들고 서울 서대문 충정로에 있는 《현대시학》주간으로 계신 전봉건 시인을 뵈러 갔지요. 1965년도에 전봉건 시인이 창간한 역사와 전통 있는 시 전문지詩專門誌를 한 호도 거르지 않고 발행하는 주간이셨죠. 처음 뵙는 선생의 모습은 아까 초반에 말했던 글을 쓰는 사람은 머리도 깎지 않고 면도도 하지 않고 며칠 동안 골방 구석에서 볼펜을 들고 몽환에 시달리는 사람들이라고 했잖아요? 바로 그런 실제의 인물을 보는 것 같았지요. 피골이 상접할 정도로 마른 체구에 훤칠한 키와 길게 늘어뜨린 머리카락과 안경 너머로 보이는 움푹 파인 눈은 예수를 닮은 모습이었지요.

내가 지참하고 간 시집을 책상 위에 놓아 드렸더니 관심도 없이 책상 앞에 있는 낡은 캐비넷에 넣고는 과묵하게 앉아계신 꼿꼿한 위엄에 주눅이 들어 오금도 펴지 못하고 얼어붙은 몸을 추스르지도 못하고 한동안 그분이 하시는 교정작업을 바라보았지요. 문학 연륜으로 보나 지명도로 보나 인품으로 볼 때 감히 어느 사람도 접근할 수 없는 예수 같은 분이셨죠. 문학계에서 스승과 제자 간에는 엄격한 예의와 존경심이 바탕이 되어 단단한 인연을 맺게 되는데 나의 목표는 문예지를 거쳐 추천을 받아 등단을 하기 위해 한 달에 10여 편씩 작품을 가져다드리면 선생께서는 살펴보는 일 없이 캐비넷에 묵히게 되었지요. 그런 일이 3년간 계속되었는데 어느 하루 날엔 돌밭 동행하기를 권유해오셨지요. 박두진 시인과 전봉건 시인은 수석壽石의 대가大家이셨죠. 전봉건 시인과의 돌밭(수석 산지) 동행同行에서 터득한 지혜는 하나의 사물인 돌덩이에 무궁무진한 이치가 내포되어 있다는 것과 백이면 백, 천이면 천 개가 똑같은 돌은 없다는 것이며 하나의 수석다운 수석이 되기 위해선 수백 년

수천 년간 산전수전 겪어야 하고 연마되어야 한다는 것을 알게 되었지요. 우리의 인생이나 한 점의 돌이나 별반 다르지 않은 물아일체物我一體의 의미를 터득하게 되었지요. 시인들에게 돌밭은 수련하고 정진하는 도장道場이고 얻어진 수석은 고행으로 습득된 예술품이라고할 수 있지요. 수석에 관한 이야기만 해도 몇 시간이 더 소요되기 때문에 생략하도록 하고 그러한 경건한 도장에 동행한다는 것은 스승의 정신 유산인 시의 세계를 승계하는 길이라고 할 수 있겠지요. 그러한 인연으로 하여 그분이 작고하실 때까지 십수 년간 동행하였고 그것이 나의 문학에 큰 영향을 주었으며 탐석을 통해 전봉건 시인과의 문학(시)과 인연을 맺게 되었지요.

A: 전봉건 시인과의 인연은 탐석과 수석이라고 요약할 수 있겠네요. 다른 잊히지 않는 일이 있으신지요?
B: 네 그분과 작고할 때까지 십 수년간 돌밭 동행이 제일 추억에 남는 일이고 내 문학의 전성기라고 할 수 있지요. 그리고 선생께서는 80년대 초에 《현대시학》출신 8인을 지목하시어 〈오늘동인〉을 주선해 주셔서 10여 년간 활동하다가 작고 후 중단되고 말았지요.

전봉건 시인은 잘 아시겠지만 이북에서 월남하여 유흥희 여사와 따님 하나밖에 없었지요. 외아들 전기정(현 대학교수)은 일찍부터 외국 유학으로 한국을 자주 드나들 수 없었고 전봉건 선생의 하관식에만 참석하였지요. 장지까지 가파른 산길을 운구하는데도 〈오늘동인〉과 현대시학 출신인 조정권 시인, 김유신 시인만이 함께했어요. 장례위원장인 구상 시인과 걸래스님 중광의 집례로 정진규 시인 외 단출한 가족들이 지켜보는 가운데 하관식을 마쳤습니다. 그분이 영면하는 머리맡에 생전에 즐기시던 담배 한 개비를 나무 담배 파이프에 꽂아드리고 애석愛石 한 점도 놓아드렸지요. 장례를 모두 마치고 조정권 시인과 함께 천상병 부인이 운영하는 찻집 〈귀천〉에 들러 솔잎차 한 잔씩 나누었지요. 그분들도 모두 고인이 되어 아련한 추억이 되고 말았네요.

전봉건 시인 작고 후 1년이 환갑이 되는 해여서 이 또한 8인의 〈오늘동인〉이 주축이 되어 이우영 교수가 편집을 맡아《현대시학》출신의 사화집을 발간하여 전봉건 회갑기념 사화집 봉정식을 올렸지요.

A: 노수빈 시인께 영향을 준 사상가나 문인이 있으면 어느 분을 꼽을 것인지 말씀해주세요.

B: 창작을 하려면 사상이나 철학 혹은 종교 같은 내면의 세계를 추구하게 되는데, 나의 경우는 가깝게는 말씀드렸듯이 시인의 길로 이끌어 주신 전봉건 시인을 꼽게 되고 사상가로서는 나의 문학정신을 높이고 시의 세계를 단단하게 하는 격물치지格物治知를 발설發說한 중국의 유교사상가 주희와 왕수인을 신봉하고 있습니다. 그들의 격물치지론은 창작하는 데에 근본적인 역할을 하기 때문이죠.

주희의 격물치지는 모든 사물에는 이치가 있다는 것이지요. 꽃이든 나무든 풀이든 간에 그 안에는 이치(변할 수 없는 법칙)가 존재하고 있기 때문에 사물을 흐지부지로 볼 게 아니라 심도 있게 관찰하고 깊이 있게 파악하면 앎에 이른다는 것이지요. 시인이 사물을 바라볼 때 깊이 파악하라는 의미로 해석하고 있지요. 그러한 사물이치를 파악하기 위해 주희의 후대 사람인 왕수인(호는 양명)은 대나무를 심어서 기르고 크게 자란 대나무를 잘라서 토막 내고 잘게 쪼개어 아무리 살펴보고 파악하려고 노력해도 터득할 수가 없어서 주희가 주장하는 사물이 주체가 되는 것에 반론을 제기하고 성의誠意와 정심正心만이 이치를 터득한다고 심학론心學論을 제기했지요. 이러한 논쟁은 시인이

선택할 사항인데 필자는 양자 모두를 택하고 있지요. 왜냐하면 사물과 대상을 파악하려면 실체를 심도 있게 관찰해야 해야한다는 주희를 따르게 되고 왕수인이 제기하는 심즉리설心即理說은 주체인 사물에 시인 자아의 마음을 이입移入시켜야 감흥을 줄 수 있기 때문이지요.

A: 작가님의 시세계詩世界를 시기적으로 구분한다면 어떻게 나누고 싶으신 가요?

B: 시인의 시대구본론時代區分論을 질문하셨는데 내가 80년대 초에 등단했으니까 10년 단위로 구분한다면 80년대, 90년대, 2000년대로 크게 시대구분을 할 수 있겠는데, 80년대의 초기의 시는 시어를 응축시키고 군더더기의 언어를 절제시키어 이미지를 최대한 강조한 시기였고, 90년대는 연륜도 성숙하였기 때문에 철이 들었다고 해야 하나 사물관찰과 대상관조對相觀照를 통해 분석하고 성찰하여 승화의 세계로 나아가는, 간추려 말하면 이지적理知的 경향을 띠고 있으며 2000년대 지금, 토크투어 사회자가 보다시피 나이도 80줄이 내일이 되고 몸이 많이 노쇠하여 인생의 생로병사生老病死나 인생고락人生苦樂을 성찰하는 단계에 와있기 때문에 허무虛無와 무상無常, 반성反省과 성찰省察의 단계로 인생주의적인 성향이 짙다고 할 수 있겠지요.

2019년도에 뇌출혈로 쓰러져 병원에 입원해 있으면서 전립선암 4기가 진행되어 거동은커녕 침상에서 일어나지도 못하고 6개월간 천장만 바라보는 장애인 아닌 장애 환자로 누워만 있었지요.

젊고 건강할 때는 매일 보는 일상日常의 하늘이건만 아름답고 감사함을 느끼지 못하였지요. 병석에 누워 천정만 쳐다보는 따분한 환자가 되고 보니 젊고 건강할 때의 무탈이 행복이라는 걸 깨닫게 되었습니다. 하늘과 땅과 나무나 한 포기의 풀잎에도 아까 말한 대로 자연의 이치와 섭리로 존재한다는 걸 알게 되지요.

　죽음이란 것도 자연의 이치에 따라 인간 질서를 유지시키고 생성하도록 순환시키는 우주만물의 법칙이 아닌가 하는 것을 깨닫게 되었지요.

　A: 끝으로 작품활동과 향후 계획을 말씀해주세요.
　B: 백세시대라지만 80줄이 목전인데 이제 시를 쓰는 것도 과분한 것 같아 너무 문학에만 집착하지 않고 건강관리를 해가면서 작품활동을 하도록 할 계획입니다. 뭐니 뭐니 해도 건강이 제일이지요. 건강해야 사랑도 행복도 이이뤄집니다. 감사합니다.